SAINT MARS

PATRON DE BAIS

ARCHIDIOCÈSE DE RENNES

Sa Vie — Son Episcopat — Histoire de
ses Reliques

PAR

l'abbé J.-M. GUET

VITRÉ
IMPRIMERIE J. GUAYS, RUE NOTRE-DAME, 29.

1884

SAINT MARS

PATRON DE BAIS

ARCHIDIOCÈSE DE RENNES

SAINT MARS

PATRON DE BAIS

ARCHIDIOCÈSE DE RENNES

Sa Vie — Son Episcopat — Histoire de ses Reliques

PAR

l'abbé J.-M. GUET

VITRÉ

IMPRIMERIE J. GUAYS, RUE NOTRE-DAME, 20.

1884

IMPRIMATUR

DELAFOSSE
  Vic. Général.

1

Vie de saint Mars.

A un kilomètre de Bais, presqu'au bord de la route qui relie cette commune à Vitré son chef-lieu d'arrondissement, on aperçoit un humble clocher s'élevant à peine au-dessus du feuillage. C'est le clocher d'une bien modeste chapelle, bâtie en 1842 par M. Chumier, ancien Curé de Bais, sur le lieu même où, d'après la tradition, naquit saint Mars, patron de la paroisse.

Ce petit sanctuaire, sans aucun caractère architectural, reste un des nombreux témoins du mauvais goût qui inspira les réparations de nos Eglises dans la première moitié de ce siècle.

Mais, en retour, avec quelle exquise propreté il est entretenu ! Comme son autel de la Renaissance brille de riches dorures ! Les ex-voto qui tapissent les murailles, les bougies brûlant presque chaque jour devant les saintes reliques qui reposent sur le maître-autel ; les riches décorations dont on le pare aux jours de fête disent bien haut l'ardente dévotion des habitants de Bais pour leur glorieux concitoyen. Si la cloche annonce qu'un prêtre est venu célébrer la sainte Messe et solliciter pour quelqu'infortune la puissante intercession de saint Mars, les villageois voisins quittent leurs travaux pour accourir à la Chapelle. Vrais chrétiens, ils sont heureux de profiter pour eux-mêmes de cette grande grâce, l'audition de la sainte Messe ; mais surtout ils veulent mêler leurs prières aux suffrages de l'Eglise, joindre leurs supplications aux supplications de leurs frères pour obtenir de Dieu la grâce demandée par saint Mars. *Leur* saint n'est-il pas tout puissant ! Chaque faveur qu'il obtient est pour lui une nouvelle gloire et sa gloire fait leur orgueil. Orgueil bien légitime, puisque ce grand saint est l'aîné de la famille.

La paroisse de Bais est la seule parmi celles de l'arrondissement de Vitré qui ait l'honneur d'avoir pour patron un saint né sur son propre territoire et qui, après plusieurs années passées loin du lieu de sa naissance, y soit revenu mourir.

Saint Mars, en latin *Marsus*, naquit vers la fin du V° siècle (environ 470), au village de Marsé, que la tradition locale désigne encore comme le patrimoine de sa famille. Quel rang cette famille occupa-t-elle dans le monde ?

Comment se passèrent les premières années du glorieux saint Mars...? Nous sommes sur tous ces points réduits à de simples conjectures. La légende locale réalise pour l'illustre patron de Bais la parole de l'Esprit-Saint : « *Infirma mundi elegit Deus ut confundat fortia.* »

« Dieu choisit les petits et les faibles pour confondre les forts. » D'après elle saint Mars serait né de parents d'infime condition.

Mais la légende du Bréviaire à l'usage des Chanoines de la Collégiale de la Magdeleine de Vitré lui donne une origine plus illustre : « *non ignobili parte natus,* » dit-elle ; et d'Argentré dans son catalogue des Evêques de Nantes confirme absolument cette tradition. « Saint Mars, « en latin Marsus, écrit cet historien, grand « ami et familier de saint Melaine. Il était de « noble famille : il fut premièrement juge et « depuis Evêque — ce qui est testifié par ces vers de Fortunatus :

> Stemmate deductum fulgens ab origine culmen
> Et meritis priscos crescere fecit avos :
> Emicuit populis geminum memorabile donum
> Inde gradu Judex, hinc pietate Pater. »

Malheureusement la citation de d'Argentré n'est pas acceptable : les vers de Fortunat s'adressent évidemment à Eumérius que le poëte avait nommé quelques vers plus haut :

> « Hoc igitur tumulo requiescit Evemerus almo
> Per quem pontificum surgit opimus honor. »
> (Liv. IV. Car. I.)

Toutefois ce nom de Marsus, qui n'appartient

d'aucune façon à la langue Celtique, malgré l'étymologie par trop fantaisiste qu'en donne Déric (*Hist. Eccl. page 348*), mais bien évidemment à la langue latine, me paraît établir l'origine relativement illustre de saint Mars. Il sortait sans doute d'une famille Gallo-Romaine « dont les membres étaient pour la plupart juges ou gouverneurs d'un des cent *Vici* dont se composait chacun des quatre cantons de la cité Gauloise. »

Une autre considération me semble encore confirmer cette affirmation de la légende du Bréviaire. Les documents les plus authentiques nous montrent saint Mars en rapports intimes avec les hommes les plus illustres de son temps. C'est saint Melaine, le conseiller de Clovis, dont il était l'intime et le familier; c'est saint Aubin, abbé de Nantilly, puis évêque d'Angers; saint Lô, évêque de Coutances et saint Victorius II, évêque du Mans, qui s'honorent de le compter au nombre de leurs amis. Une éminente sainteté n'expliquerait pas suffisamment ces hautes relations.

Quoiqu'il en soit d'ailleurs, l'éclat de ses vertus et de ses bonnes œuvres le fit bien vite connaître de saint Melaine alors évêque de Rennes. Ce saint prélat l'admit au nombre de ses amis. Après lui avoir conféré les différents ordres de la hiérarchie ecclésiastique, il le nomma *son* diacre : « d'iceluy saint Mars il y a reliques à l'église de Rennes et on doit len feire, et y a légende, et fut diacre de sainct Melaine. » *(Liv. m. s. des usages de l'église de Rennes, P. H. de M. G. de Corson.)* Plus tard saint Melaine l'éleva au sacerdoce.

« *Quos in tanti præsulis frequenti congressu fuerit progressus ex eo conjectare licet, quod, mortuo Epiphanio Nannetensium successerit.* » *(Off. sancti Marsi lect. IV, ad finem.)*

« Sous la direction et grâce aux exemples de saint Melaine, ses vertus sacerdotales brillèrent d'un si vif éclat, qu'il fut jugé digne, à la mort d'Épiphane, de lui succéder sur le siège épiscopal de Nantes. »

Le saint évêque ne vit dans sa nouvelle dignité qu'un motif plus pressant d'atteindre à la perfection évangélique. L'histoire ne nous a gardé de son court passage sur le siège de Nantes que le fait suivant rapporté par M. le curé de Saint Sulpice dans son histoire de la Sainte Vierge en France.

« Notre-Dame du Ronceray, écrit ce pieux et savant prêtre, portait encore un autre nom : elle s'appelait Notre-Dame de la Charité ; et voici à quelle occasion ce nom lui fut donné.

Le mercredi des Cendres de l'an 530, saint Aubin, évêque d'Angers ayant reçu la visite de saint Melaine, évêque de Rennes, de saint Mars évêque de Nantes, de saint Laud, évêque de Coutances, de saint Innocent, évêque du Mans (1), mena ces saints prélats à Notre-Dame du

(1) Plus vraisemblablement de saint Victor II. Saint Innocent, élève de Victor II, lui succéda après Sévérien sur le siège du Mans.

Ronceray pour y rendre leurs devoirs à la mère de Dieu. Saint Melaine, comme le plus ancien, y célébra les saints mystères, et à la fin de la messe il distribua les Eulogies, qui étaient de pain bénit, à ses confrères, en signe de la Charité qui les unissait tous. Les évêques mangèrent les eulogies comme choses bénites que l'Eglise approuvait loin de les défendre. Mais saint Mars se souvenant que ce jour là était le mercredi des Cendres, est saisi de scrupules ; il craint de rompre le jeûne, tire secrètement l'eulogie de sa bouche et la cache dans sa robe. Alors, chose merveilleuse, dit la tradition confirmée dans la Charte de Foulques-Nerra, de l'an 1028, et confirmée par les Bollandistes dans la vie de saint-Melaine, au 6 janvier, alors l'eulogie se change en serpent. L'évêque, à la vue du prodige, reconnaît sa faute, se jette aux pieds de saint Melaine pour lui demander l'absolution, et tous, admirant comment le ciel avait ratifié par un miracle le signe de leur charité mutuelle, appelèrent la vierge du Ronceray Notre-Dame de la Charité. »

Nous avons choisi le récit du vénéré M. Hamon préférablement à tous ceux qui racontent le même miracle, parce qu'en restant absolument conforme à la Tradition et à l'histoire, il échappe aux objections qu'une critique trop méticuleuse n'a point épargnée aux récits de Déric et de plusieurs autres historiens. En effet, si Dieu, par un miracle, voulut apprendre au saint évêque de Nantes, la suréminence de la Charité, c'est à l'heure même de la faute, qu'il dut la punir : et tous les prétendus voyages faits par saint Mars de saint Melaine à saint Aubin, de saint Lô à saint Victor pour revenir enfin recevoir le pardon du grand évêque de Rennes, peuvent bien avoir pour but d'exalter la profonde humilité de saint Mars, mais n'en restent pas moins invraisemblables.

En 529, saint Mars avait assisté comme évêque à la consécration de saint Aubin évêque d'Angers. *(Petits Bollandistes, tome III, page 184.)* L'année suivante réservait à son cœur si aimant une bien cruelle épreuve. Saint Melaine était mort à son monastère de Platz, le 8 des Ides de novembre 530. Saint Mars, en compagnie de saint Aubin, de saint Victorien et de saint Lô, alla rendre les derniers devoirs à son saint ami. Alors, privé de son conseiller, effrayé par le souvenir d'une faute pourtant involontaire, cédant surtout à son attrait pour la solitude et la mortification, saint Mars renonça à son siège, et sans retourner à Nantes, se retira à Bais son pays natal. Il y vécut dans les austérités de la pénitence, la pratique des plus éminentes vertus et ne quitta sa solitude bien aimée que dans une circonstance dont la tradition locale nous a gardé le souvenir.

Dans une année de grande sécheresse, notre saint, cédant aux sollicitations de ses concitoyens malheureux, sortit de son cher ermitage de Marsé pour se rendre au bourg de Bais. Là, après avoir invoqué la miséricordieuse bonté de Dieu, il creusa la terre de son bâton. A l'instant jaillit une source d'eau limpide et abondante qui depuis ce temps fournit, même dans les étés les plus secs, aux besoins des habitants. On la nomme toujours le *puits Saint Mars :* c'est le nom que lui avait donné la reconnaissance ; c'est celui que lui a conservé et lui gardera une tendre dévotion qui ne diminuera jamais.

Naguère cette fontaine était couronnée d'une masse informe de maçonnerie où s'ouvrait une niche contenant la statue de notre saint évêque. Il était revêtu de ses ornements pontificaux ; mais la crosse et la mître reposaient à ses pieds, un peu en arrière, pour perpétuer le souvenir de son épiscopat et de sa démission. Cette sorte de tête de puits s'étant écroulée, M. le curé de la paroisse a fait élever sur le puits même un charmant petit oratoire qui gardera à Bais le souvenir de la miraculeuse intervention de saint Mars. Malheureusement l'ancienne statue brisée dans l'écroulement, a été remplacée par une statue sans cachet de tradition et qui ressemble à tout autre statue d'évêque.

Saint Mars mourut à Bais quelques années plus tard, le 6 octobre d'après quelques historiens, le 31 janvier d'après d'autres hagiographes. A sa mort, le consentement unanime du clergé et du peuple le plaça sur les autels. La renommée publia partout les nombreux miracles dûs à l'intercession de cet humble serviteur de Dieu. De nombreuses paroisses des diocèses de Nantes et de Rennes, entre autres Bais, St-

Mars-d'Olivier, Saint-Mars-la-Jaille, Saint-Mars-de-Coutais, etc., l'avaient pris pour patron et célébraient sa fête sous le rite double d'un confesseur pontife.

Avec les siècles, le souvenir de saint Mars alla s'affaiblissant dans le diocèse qu'il avait abandonné et dans celui où il était venu mourir. Quelques paroisses, qui s'étaient d'abord mises sous son patronage et avaient pris son nom, choisirent s^t Marc pour protecteur ; d'autres choisirent la saint Médard comme fête patronale. Bais seul resta toujours invariablement fidèle à son glorieux patron. La ville de Vitré, un instant heureuse de posséder ses reliques, suivit d'abord l'erreur commune et célébra la fête de saint Mars comme d'un confesseur non pontife, jusqu'au jour où les chanoines de la collégiale de la Madeleine, mieux informés, la célébrèrent sous le rite double de 2e classe d'un confesseur pontife, comme l'avait toujours fait la paroisse de Bais.

Il existe à la bibliothèque du château de la Baratière un petit manuscrit ayant appartenu à un des chanoines de la collégiale. M. Le Gonidec a bien voulu nous le communiquer. Ce manuscrit qui porte la date de 1743, a pour titre : *Lectiones propriæ pro festis sancti Marsi episcopi et confessoris, duplex secundæ classis,* etc., et contient la légende de saint Mars dans la IVe et V^e leçon du IIe nocturne. La VIe leçon est du commun comme le reste de l'office. La messe est *Sacerdotes* et on y doit réciter le *Credo.*

II

Son Episcopat.

Saint Mars, dont l'existence et l'éminente sainteté ne font doute pour personne, fut-il évêque de Nantes ? Les historiens ne sont pas d'accord.

Les uns (1) ont affirmé l'existence de deux saints du même nom ; l'un prêtre et solitaire au pays de Vitré, l'autre évêque de Nantes. Les autres, n'admettant qu'un seul saint Mars, prêtre et solitaire, ont nié qu'il y eut jamais sur le siège de Nantes un évêque de ce nom.

Un tiers-parti, représenté de nos jours par le regretté M. Goudé, a voulu concilier entre elles les diverses opinions en émettant l'hypothèse suivante que je copie textuellement dans des documents manuscrits dont je dois communication à la bienveillance de M. le chanoine Guillotin de Corson.

« Albert le Grand dit qu'Epiphane fit un voyage à Jérusalem d'où il rapporta des reliques. Ne pourrait-il se faire, pour accorder les Bre-

(1) Monseigneur Guérin, Longueval, etc.

viaire et Missel de Rennes du xvi° siècle qui font de saint Mars un simple prêtre, et les deux catalogues manuscrits, des xi° et xii° siècles, de la reine de Suède, qui ne parlent point de Marsus, avec les auteurs — surtout l'auteur anonyme de la vie de saint Melaine — que Marsus fut un chorévêque d'Epiphane pendant son absence et qu'il continua de jouir de cette dignité sous son successeur ? On sait que les traces de cette dignité se conservèrent dans les Gaules jusqu'au xii° siècle malgré les Capitulaires des rois carlovingiens. » (Goudé, not. manuscrites.)

Cette hypothèse, toute ingénieuse qu'elle soit contredit trop évidemment à la leçon du Bréviaire pour être admissible. Il faut reformer l'une ou rejeter l'autre. Epiphane était mort quand saint Mars fut sacré évêque de Nantes : « *Mortuo Epiphanio nannetensium successe-*
« *rit.* »

Nous ne pouvons admettre l'une ou l'autre des deux premières opinions. Pourquoi multiplier sans preuve les personnages afin d'éviter une difficulté historique ? C'est passer à côté de la question ; ce n'est pas la résoudre. Pour ce motif nous rejettons la première : en établissant contre les partisans de la seconde que saint Mars, mort solitaire à Bais, fut réellement évêque de Nantes ; que saint Mars évêque et saint Mars solitaire ne font pas deux personnages différents mais un seul et même saint, nous aurons réfuté les deux opinions.

Les différentes positions occupées par notre

saint ont seules donné naissance à cette malencontreuse divergence. La Charte de Foulques-Nerra, la légende absolument authentique de saint Melaine, en ont parlé comme d'un évêque. D'autres écrits ont publié l'éminente sainteté du solitaire; et bientôt les historiens qui se copient les uns et les autres sans contrôle et sans exactitude, parce qu'ils ne s'occupent point assez d'être complets, ont fait du même saint un double personnage.

Il était facile pourtant de recourir à la Tradition locale. Elle n'a jamais varié : toujours elle honora le saint patron de Bais, le familier de saint Melaine, successeur d'Epiphane sur le siège de Nantes, puis évêque démissionnaire et le solitaire au lieu de sa naissance comme un seul et même saint.

On voyait naguère à l'église de Bais, dans la fenêtre du transept nord, une verrière maintenant détruite, mais qu'on rétablira sans doute quand des jours meilleurs permettront de mener à bonne fin les magnifiques réparations que M. le curé commença il y a quelques années. Cette verrière représentait un personnage portant la tonsure monacale, vêtu de la robe de moine, à genoux près d'une crosse, une mitre et autres insignes épiscopaux, les mains jointes et les yeux fixés au ciel dans l'attitude de la prière. C'était l'évêque solitaire dont la piété des paroissiens avait placé là l'image vénérée et traditionnelle.

De pareils faits ne s'inventent pas et quand

ils ont été transmis avec cette précision de détails par ceux qui avaient été à lieu de les constater, gardés avec un soin jaloux par une tradition qui ne varia jamais ; ils me semblent emporter avec eux la certitude historique la mieux établie. Il faudrait pour les infirmer des documents précis et incontestables et ces documents n'existent nulle part.

Objectera-t-on que le catalogue des évêques de Nantes dressé par dom Morice ne parle point de saint Mars ? Mais celui que cite d'Argentré place le nom du saint évêque au rang que la tradition a assigné à son épiscopat. Si l'on veut que le témoignage de d'Argentré soit de nulle valeur devant l'autorité de dom Morice, nous demanderons s'il est bien logique, pour les besoins d'une cause, de révoquer un historien qui s'accorde avec la tradition pour en préférer un autre qui nie sans rien prouver. L'illustre bénédictin avait une preuve catégorique à fournir : c'était d'établir l'impossibilité matérielle de placer l'épiscopat de saint Mars entre celui d'Epiphane et celui d'Eumérius,

La plupart des historiens, avec dom Morice et Longueval, parlent d'Epiphane comme ayant assisté au premier concile d'Orléans en 511 : nous acceptons cette date.

D'après les mêmes historiens Eumérius souscrivit au deuxième concile tenu dans la même ville en 533. Qui peut nous empêcher de placer dans cet espace de 22 ans l'épiscopat du saint patron de Bais ? La tradition, nous ne nous lasserons pas de le redire, le place à cette époque ; saint Mars assiste comme évêque de Nantes au sacre de saint Aubin, évêque d'Angers, en 529 ; (P. Boll. tome III, page 84) la légende de saint Melaine le compte parmi les prélats qui assistèren' à l'inhumation du grand évêques de Rennes, en 530 ; sa démission après la mort de son saint ami, laisse vacant le siège épiscopal qu'Eumérius pouvait alors occuper en 533..... Que devient donc l'impossibilité matérielle qu'on pourrait nous objecter ?

On le voit, nous n'acceptons que les dates indiscutables, précisées par le premier et le deuxième concile d'Orléans (511-533). Si l'on prétend qu'il existe d'autres documents, nous prions qu'on nous les montre et nous demandons pourquoi, s'ils sont précis et de quelque valeur ils n'ont pas suffi à mettre les historiens d'accord. Pour ne citer qu'un exemple, N. Travers fait Epiphane évêque de Nantes de 509 à 511 ; plus loin il le fait mourir en 518, pour faire d'Eumérius son successeur en 515. Et, pour élucider une question, qu'ils trouvaient trop claire sans doute, ses éditeurs ajoutent en note: « contrairement à l'opinion de Travers, quelques-uns croient qu'Epiphane mourut en 527. »

Devant tant de contradictions, avons-nous tort de rejeter toutes autres dates que celle établie sur des documents certains ? Il nous reste maintenant à discuter les témoignages des historiens qui ont refusé de compter saint Mars au nombre des évêques de Nantes.

Après avoir nommé les évêques qui tour à tour occupèrent le siège de Nantes : saint Clair, Ennius, saint Similien, Eumélius, Martius, M. Barthélemy Hauréau, dans la *Gallia christiana* (tome XIV, page 798) s'exprime ainsi : « Martius autrement Mars ou Marc. Son existence est établie par plusieurs anciens documents. C'est de lui que parle l'auteur de la vie de saint Melaine éditée par Bollandus. Il est évident qu'un récit qui fait de saint Melaine et de Mars deux contemporains est complètement indigne de créance. (1) »

Il est vraiment trop commode, pour convaincre ses adversaires d'erreur ou d'absurdité, de leur faire supposer ce qu'ils n'ont jamais dit. Nous ne prétendons point que ce Martius, évêque de Nantes au IVᵉ siècle, soit celui dont parlent les actes de saint Melaine. C'est pour un autre Marsus, contemporain et familier de cet illustre saint, que nous revendiquons l'indiscutable autorité de la vie du grand évêque de Rennes: c'est pour celui que la tradition fait évêque de Nantes dans la première moitié du *sixième* siècle, au moment même où saint Melaine illustrait par sa science, sa sainteté et ses miracles la capitale des Bretons. On le voit, le « complètement indigne de créance » ne porte pas.

L'auteur continuant à nous donner la liste des prélats nantais arrive à Epiphane (511) et à

---

(1) « Martius, alias Marsus Marcusve, è veteribus indicibus depromitur. Ejusdem, ut videtur, meminit auctor vitæ sancti Melanii quam Bollandus edidit. Satis autem est argumenti hanc vitam prorsùs fide indignam esse quod Melanium Marsumque coœtaneos exhibeat. »

Marsus. « Les Frères sainte Marthe, entr'autres hagiographes, dit-il, placent saint Mars après Epiphane. Ils s'appuient sur la vie de saint Melaine, regardée comme fort ancienne. Parmi les modernes Bondonnet et Nicolas Travers ont très bien et à bon droit critiqué cette vie de saint Melaine. Travers cependant doit être corrigé sur un point : c'est à tort qu'il affirme comme fabriquée au XIII siècle l'histoire de l'eulogie commune à saint Mars et à saint Melaine. Elle est en effet beaucoup plus ancienne puisque le comte Foulques Nerra, dans le cartulaire de la fondation de Notre-Dame du Ronceray (1028) la mentionne comme depuis longtemps connue par le peuple angevin (2). »

Nous remercions l'auteur de la *Gallia christiana* d'avoir à son tour redressé Nicolas Travers. Il nous semble néanmoins qu'après avoir pris cet auteur en flagrant délit d'erreur sur un fait capital, M. Hauréau devait l'étudier de plus près. Ses arguments lui auraient paru plus que pauvres et ses critiques bien moins fondées. Nous allons le faire à sa place après avoir cité l'article entier de l'abbé Travers dont chaque allégation appelle une réfutation.

(2) « Marsum post Epiphanium Sammarthani inter alios collocant; e vitâ sancti Melanii quæ dicitur perantiqua. Inter recentiores Bondonnettus Nicolausque Travers, vitam hanc censoriâ virgulâ aptè congruenterque notaverunt. Emendandus tamen Travers in eô quod jam sæpe laudatam de sancto Marso Melanioque narruntiunculam tertio decimo sæculo confectam asserat. Annosior quidem est; eam sedenim, anno 1028 obiter innuit Fulcó comes in Chartulâ de Roncerii fundatione veluti jam Andegavensis populi memoriæ creditam. » (*Id. tome XIV, catalogue des évêques de Nantes.*)

« Biré, avocat du roi à Nantes, dans son *Epimasie*, page 53 ; d'Argentré, Chenu, Charron et MM. de Sainte-Marthe, dans leur catalogue des évêques de Nantes ; Bollandus (tome I janvier, p. 33), dom Mabillon (2 ann. Bénédict. I 56, n° 46), le père Lecointe (3 ann. Franc. A. 350 n° 5) dom Lombineau, vie de saint Melaine ; M. Baillet et plusieurs autres font succéder Marsus à Epiphane et croient en trouver la preuve dans la vie de saint Melaine, presque contemporain, dit-on. Il est étonnant de voir tant de savants se méprendre si fort.

« Epiphane n'a pas vécu jusqu'en l'année 530. Les deux catalogues manuscrits des XIe et XIIe siècles qui ont appartenu à la reine Christine de Suède ne parlent point de Marsus. Le Bréviaire de Rennes, de l'an 1552, dit que Marsus était prêtre et non évêque, *(XI kalend : Julii sancti Marsi confessoris non episcopi)* et il en prend les leçons dans la vie de saint Melaine. Le Missel de la même église, de l'an 1588, en fait également mémoire au 21 juin sous le nom de simple prêtre. Bondonnet, dans les *Evêques du Mans*, nous apprend qu'on voit à Saint-Melaine-lez-Rennes un ancien tableau des obsèques du saint évêque où Marsus n'a pas rang parmi les évêques mais y est placé parmi les prêtres. Et ce qui détruit entièrement la preuve que l'on tire du seul auteur de la vie de saint Melaine pour l'épiscopat de Marsus, bien que le même auteur ne le dise pas évêque, c'est que Marbodus évêque de Rennes, dans sa lettre à Ulger, évêque d'Angers, sur la fin du xie siècle, place la mort de saint Melaine en Italie sur le mont Apennin. Si ce fait est véritable, comme on en peut guère douter ; tout le récit qui regarde Marsus, le concile d'Angers, où l'on dit qu'il se trouva en qualité d'évêque de Nantes, la communion reçue de la main de saint Melaine dans l'église de Notre-Dame à Angers le premier jour de carême, la mort de saint Melaine à Platz, diocèse de Vannes, quelques semaines après et sa sépulture dans la ville de son siège, sont des fables ou des interpolations dans la vie de ce saint évêque de Rennes, dont on ne parlait point à Angers ni à Rennes dans le commencement du xiie siècle, et l'auteur de la vie de saint Melaine, qu'on dit presque contemporain ne sera qu'un rêveur des xiiie et xive siècles. »

Tels sont les arguments sur lesquels l'auteur de l'histoire civile, politique et religieuse de Nantes (tome I, page 65) appuie sa thèse. Nous avons voulu les exposer dans toute leur intégrité : le plus acharné des ennemis de l'épiscopat de saint Mars avait bien droit à cette complaisance, car il fait vraiment la part trop belle à ses adversaires. M. l'abbé Travers a accumulé tous les arguments possibles, mais il a laissé dans l'ombre, volontairement ou non, d'autres preuves que nous nous permettrons de rappeler en essayant de réduire les siennes à leur juste valeur. Les nombreux savants dont il cite les noms, les œuvres et l'opinion contraire à la sienne, auraient pu le rendre moins affirmatif ou plus circonspect. On nous a fait observer d'ailleurs que cet auteur est d'un fort mince crédit : nous le croyons sans peine, si toutes ses thèses ont la valeur de celle que nous allons discuter.

« 1° *Saint Epiphane*, dit-il, *n'a point vécu jusqu'en l'année 530.* » Nous sommes sur ce point tout à fait d'accord, puisque nous plaçons l'épiscopat de saint Mars, avant cette date de 511 à 533 et presque certainement de 527 à 531.

« 2° *Les catalogues manuscrits de la reine Christine ne parlent point de Marsus.* » Nous ne pouvons contrôler cette assertion. Mais quelle est la valeur historique de ces manuscrits, quand malgré leur silence tant d'historiens ont affirmé l'épiscopat de saint Mars? Que prouverait d'ailleurs l'omission du nom de notre saint sur des catalogues du xii⁰ siècle, quand nous le trouvons mentionné comme évêque de Nantes dans un document authentique et beaucoup plus ancien, la Charte de Foulques-Nerra ?

Il est prouvé aussi que ces catalogues, dont on nous objecte le silence, sont loin d'être complets et l'omission d'Octron et d'Hesdran parmi les évêques nantais du x⁰ siècle ne permet guère de s'étonner de l'omission de Marsus parmi les évêques du vi⁰ siècle.

Comme son prédécesseur, Hesdran avait renoncé à l'épiscopat pour s'en aller mourir dans un diocèse étranger. Un écrivain oublieux ou trop éloigné du Xe siècle omit sur le catalogue qu'il dressait le nom de cet évêque. Il n'en fut pas autrement pour le nom de saint Mars, démissionnaire comme Hesdran et plus éloigné de quatre cents ans de cet auteur inconnu.

Les meilleurs critiques, s'autorisant d'une charte d'Alain-Barbetorte et d'un acte de l'abbaye de Saint-Florent, n'hésitent pas, malgré le mutisme des catalogues Christiniens, à compter Hesdran au nombre des évêques nantais. Nous demandons pourquoi on refuserait à saint Mars le même honneur, quand des actes parfaitement authentiques et indiscutés le lui décernent.

3º « *Le bréviaire de Rennes de 1552 et le missel de la même église (1558) font la fête de saint Mars comme d'un Confesseur non Pontife.* »

Cet argument est certainement le plus sérieux de tous ceux dont s'est servi M. l'abbé Travers pour appuyer sa thèse. Le fait qu'il allègue est vrai, mais l'explication en est facile et l'objection n'est que spécieuse.

Ce fut vers 1520 — on n'a pas assez remarqué cette date — que les reliques de saint Mars furent retrouvées dans la tour, dite Tour Saint-Laurent, au château de Vitré. La forme du reliquaire, qui représentait l'église et le clocher de Bais, avait attiré l'attention de Guy VI, baron de Vitré. Il interroge, et après informations il apprend qu'il a retrouvé les précieuses reliques de saint Mars, le *solitaire* de Bais. C'est en cette qualité, la seule qu'il connaisse, que le Seigneur de Vitré confie le précieux dépôt aux chanoines de sa collégiale, et sous ce titre aussi que Guillaume Brillet évêque de Rennes ordonne de célébrer la fête de s^t Mars dans l'église de la Magdeleine. La cause de l'erreur est là.

Au reste, le saint patron de Bais ayant renoncé à l'épiscopat et passé dans la retraite les dernières années de sa vie, on conçoit facilement que la sainteté du solitaire ait fait oublier la dignité du Pontife, et, qu'à l'exception de Bais où il était mieux connu, on l'ait honoré dans le diocèse comme un simple prêtre, tout en prenant sa légende dans les actes du saint évêque, dont il avait été l'ami. C'était joindre l'antidote à l'erreur. Plus tard, en examinant ces actes, on s'aperçut que le St Mars qui y est mentionné ne pouvait être lui-même qu'un évêque. Dans un mémoire adressé au commencement du XVIIIme siècle par le P. René-Jean, prieur des Augustins de Vitré, au vénérable chapître de la Collégiale de la Madeleine, on affirme que Bais a toujours gardé la croyance à l'épiscopat de St Mars et on invite les membres du Chapître à célébrer sa fête sous le Rite d'un Confesseur Pontife comme les paroisses qui le reconnaissent pour patron. Les Chanoines d'abord, et le diocèse entier après eux, accèptèrent en 1705 la tradition de Bais.

Enfin, le 10 avril 1848, un décret de la S. Congrégation des Rites vint donner à cette croyance à l'épiscopat de saint Mars le poids de sa haute autorité en approuvant la célébration de la fête de notre saint comme Confesseur Pontife.

4° l'abbé Travers ajoute : « *Ce qui détruit entièrement la preuve que l'on tire du seul auteur de la vie de saint Melaine.* »

Le biographe du saint évêque de Rennes n'est point le *seul* auteur qui fasse foi de l'épiscopat de saint Mars. Nous avons cité la tradition locale et les faits qui la confirment, la Charte de Foulques-Nerra, les actes de l'intronisation de saint Aubin sur le siège d'Angers.... il serait inutile de revenir sur ces preuves. Pourquoi l'abbé Travers ajoute-t-il : « *le même auteur ne le nomme pas évêque ?* » La légende de saint Melaine dit textuellement « *et Marsus qui Nannetensis habetur Episcopus...* et Mars qu'on regarde comme évêque de Nantes. » Les Bollandistes (vie de saint Melaine, 6 janvier) parlent de quatre évêques présents aux funérailles de saint Melaine, les nomment, et parmi eux saint Mars. (1) Enfin l'hymne du Légendaire de l'abbaye de St-Gildas-des-Bois, manuscrit du XIIme siècle, dit, en parlant du miracle qui amena ces quatre prélats près des restes de leur saint ami :

« *Ad funus hujus prœsulis*
Sunt Prœsules miraculis. »

Est-il possible d'être plus affirmatif !

Nous arrivons enfin au grand argument de Travers. On sent qu'il va donner le coup de

---

(1) Ejus exequiis interfuère quatuor episcopi sanctus Albinus, S. Victor, S. Landulphus et S. Marsus.

grâce à l'épiscopat de saint Mars : son enthousiasme déborde et « la verge du censeur » pour emprunter l'expression de M. B. Hauréau, frappe à coups redoublés sur « le faussaire » « le rêveur » qui écrivit la légende de saint Melaine.

6° « *Marbodus place la mort de saint Melaine sur le mont Apennin, en Italie. Si ce fait est exact, comme on n'en peut guère douter, tout est fable. Etc.*

Malheureusement pour Travers, Marbode s'est grossièrement trompé ou Travers lui-même n'a pas su traduire la lettre de l'évêque de Rennes. C'est saint Modéran et non saint Melaine qui mourut en Italie. Nous lisons en effet dans les Petits Bollandistes une gracieuse légende que nous sommes heureux de citer à l'appui de notre affirmation.

« Saint Modéran devint évêque de Rennes sous le règne de Chilpéric. Après quelque temps d'épiscopat, il obtint de ce prince la permission de faire le pèlerinage de Rome. Modéran dirigea sa route de manière à passer par la ville de Reims, et s'étant logé au monastère de saint Remi, il obtint de Bernard trésorier de l'église une partie de l'étole, du cilice et du suaire du saint Pontife. Charmé d'avoir acquis ces richesses, il continua sa route vers l'Italie. Une nuit qu'il se trouvait au mont Bardon, qui fait partie de l'Apennin, il suspendit ses reliques à un chêne vert. Il se leva le lendemain matin et continua sa route sans se ressouvenir du précieux gage qu'il avait laissé à l'arbre. Ne s'étant aperçu de sa perte qu'assez loin de là, il envoya un clerc nommé Walfade prendre ces reliques ; mais celui-ci ne put venir à bout d'exécuter ce qui lui avait été ordonné. Il lui fut impossible d'y atteindre, et plus il s'en approchait, plus elles semblaient s'élever. L'évêque ayant appris ce miracle, retourne au même lieu et y dresse sa tente, mais il eut beau prier une partie de la nuit, il ne put rien obtenir. Son trésor ne lui fut rendu que lorsque, disant la messe le lendemain au monastère de Berzetto, il eut promis de laisser dans ce monastère une partie des reliques.»

Après avoir reçu de la générosité de Luitprand roi d'Italie, le monastère de Berzetto avec toutes les dépendances de l'abbaye, **Modéran** revint à Rennes, fit ordonner un successeur à sa place, vendit tous ses biens dont il distribua le prix aux pauvres ; puis ayant pris congé de son peuple, il retourna au monastère où il acheva saintement ses jours après avoir passé dix ans dans les austérités de la vie religieuse.

Telle est en abrégé la vie de saint Modéran écrite par les Bollandistes, dom Lobineau et autres hagiographes. L'abbé Travers pouvait donc facilement contrôler les affirmations de Marbode. Il avait de plus sous la main la légende du bréviaire de Rennes dont voici les expressions : « *In Bardonum montem secessit. Ibi Bercelense monasterium, quod a Luitprando rege recens constructum, ipse reliquis B. Remigii jam dilaverat... migravit ad dominum.*» (E vitâ sancti Moderanni, die octobris 22, leçon III.)

Hauréau a refuté Travers sur le miracle de l'Eulogie. Ce fait constaté par la Charte de Foulques-Nerra, en 1028, et connu depuis fort longtemps par les habitants d'Angers, était connu aussi des habitants de Bais.

Quand en 1521 on ouvrit la châsse contenant les reliques de saint Mars, confiées en 1427 à la garde du Baron de Vitré, on y trouva les trois vers suivants :

« *Hostia sacra datur, sinus accipit, anguificatur.*
Inde salus petitur, Albinus, Victor additur.
Forma redit pani : prece sanas, sancte Melani. »

« Une eulogie consacrée est donnée : cachée dans le sein, elle se change en serpent. Alors « saint Mars » demande à être délivré, saint Aubin et saint Victor joignent leurs prières aux siennes. Le pain reprend sa forme. Tu guéris par la prière, ô saint Melaine. »

Ces vers résument évidemment le miracle de l'Eulogie, constaté par la Charte de Foulques-Nerra et la légende de saint Melaine. Que si les partisans de Travers et de ses tristes arguments invoquent la date de 1427 comme n'infirmant pas celle du XIIIe siècle qu'ils assignent à ce miracle, nous leur demanderons de vouloir bien nous dire quand et comment ces vers avaient été introduits dans la châsse? Que si cette châsse contenait les ossements d'un saint Mars, solitaire au pays de Vitré, et non ceux du saint évêque de Nantes, démissionnaire et mort solitaire dans sa paroisse natale; comment expliquer la présence de cette légende et la parfaite ressemblance d'un miracle authentique arrivé à deux saints différents et portant le même nom ? A quoi bon oser supposer un fait qui n'ajoutait rien à la gloire du saint patron de Bais, si ce fait n'avait été à la connaissance de tous ? Comprend-on que saint Melaine, saint Aubin, saint Victor et saint Lô aient été aussi intimement mêlés à la vie d'un saint Mars solitaire et d'un saint Mars évêque de Nantes, si ces deux saints ne sont pas une seule et même personne?

Nous n'hésitons pas à l'affirmer ; pour nous l'épiscopat de saint Mars ne fait aucun doute ; et le glorieux patron de Bais, l'illustre solitaire du village de Marsé occupa le siège de **Nantes** entre Epiphane et Eumérius.

III

Ses Reliques.

Personne n'ignore tout ce que le règne de Charles VI attira de maux sur la France. Abandonnée par les principaux vassaux de la couronne, vaincue à Azincourt, déchirée par les querelles intestines des Armagnacs et des Bourguignons, déshonorée par le traité de Troyes qu'avaient dicté une reine débauchée et signé un roi en démence, découronnée de sa capitale où régnait un roi d'Angleterre, notre malheureuse patrie agonisait sous le joug humiliant de la maison de Lancastre. A l'avènement de Charles VII que ses ennemis nommèrent par dérision le roi de Bourges, Dieu sembla vouloir laisser tomber la France jusqu'au fond de l'abîme avant de lui donner Jeanne d'Arc. Les Français furent encore vaincus à Cravant-sur-Yonne et à Verneuil.

Le comte de Buchan ayant été tué à cette dernière bataille, Charles VII avait remis l'épée de connétable à Arthur de Richemont frère de Jean V duc de Bretagne, et regardé à bon droit comme le plus illustre capitaine de son temps. Pour se venger du consentement que le duc avait donné à son frère, les Anglais envahirent la Bretagne. Suffolk et Warwick assaillirent en 1426 Pontorson et Saint James et ravagèrent tout le pays jusqu'à Rennes « portant « partout le ravage et la mort, pillant les égli-« ses et les châteaux, dévastant les couvents, je-« tant au vent les reliques des saints et brûlant « les châsses bénies, objet depuis des siècles de « la piété des Bretons. »

En 1427, les habitants de Bais, craignant pour les restes de leur saint patron, confièrent leur précieux trésor à la garde du puissant baron de Vitré, leur seigneur comme vicomte de Bais. On enferma la châsse qui contenait les reliques dans la tour Saint Laurent où les malheurs des temps la firent oublier. Quand après les victoires de Formilly et de Castillon les Anglais, à qui il ne resta plus que Calais, eurent été définitivement chassés du sol français, la paix fut rendue à notre patrie. Bien des églises réclamèrent alors aux villes et aux châteaux forts où elle les avaient déposées, les précieuses reliques qu'elles possédaient avant la guerre. On ne sait pourquoi les habitants de Bais négligèrent de faire cette réclamation.

« Le seigneur baron de Vitré, faisant, quelques années après la pacification de la Bretagne, la visite de son château, aperçut dans un coin de la tour Saint Laurent un coffre tout couvert de poussière auquel il ne donna pas d'abord beaucoup d'attention. Mais le voyant fait en forme de chapelle, avec un clocher au-dessus qui ressemblait assez au clocher et à l'église de Bais, il s'informa de ce que c'était. Aussitôt qu'il eut appris que le corps de saint Mars reposait dans ce reliquaire, il en donna avis aux vénérables Trésorier et Chanoines et Chapitre de la Magdeleine avec ordre de venir processionnellement jusque sous la voûte du château où il l'avait fait placer sur une table ornée comme une espèce d'autel, afin de l'ôter d'un lieu si indécent pour le placer dans l'église. » (*Extrait d'un vieux manuscrit, page 29.*)

A cette nouvelle, les habitants de Bais supplièrent le baron de Vitré, leur suzerain, de leur faire rendre les saintes reliques de leur bienheureux patron. Ce seigneur leur répondit « que leurs réclamations venaient trop tard et qu'ayant fait présent de cette relique au Chapître de sa Collégiale, il n'en était plus le maître. »

Ils s'adressèrent alors aux chanoines qui répondirent : « nous tenons ce saint corps de la générosité du seigneur de Vitré comme un pur don et non autrement et en ferons toujours bonne garde et sûre. »

Outrés de ce refus, ils se réclamèrent alors de Guillaume Brillet, évêque de Rennes qui, après informations prises auprès du Baron et des Chanoines les renvoya sans leur donner satisfaction. Au contraire il ordonna l'office de saint Mars dans l'église de la Magdeleine et une procession générale pour être faite tous les ans autour de la ville de Vitré le jour de sa fête.

Cette procession fut faite pour la première fois le 21 juin 1530. Les habitants de Bais trop punis de leur négligence et irrités de l'inutilité de leurs efforts, résolurent d'enlever de vive force ce que leur légitime droit ne pouvait obtenir. Ils choisirent le jour même de la procession, se rendirent armés et en force à Vitré. Mais ils avaient mal pris leur temps ou mal calculé leur attaque : les saintes reliques étaient déjà rentrées dans la ville par la porte d'En-Bas. On abaissa la herse et les gens de Bais durent retourner chez eux sans avoir pu réaliser leur dessein. Cette attaque fut cause que la procession ne se fit plus à l'avenir qu'à l'intérieur des fortifications.

Le 12 juin 1521, Guy de Laval, baron de Vitré, ordonna aux chanoines de la collégiale de porter en procession solennelle le corps du glorieux saint Mars, pour obtenir de Dieu par son intercession la cessation d'une effrayante mortalité qui désolait le pays. Dieu et saint Mars récompensèrent sa foi et le fléau disparut du pays de Vitré. Pour témoigner au Tout-Puissant leur reconnaissance et à saint Mars leur vénération, Guy VI et son épouse Anne de Montmorency, sœur du grand connétable, offrirent pour enfermer les reliques de ce saint « un coffre d'argent façonné, ayant sur chaque face un tableau d'émail. L'un représentait le portrait du baron, l'autre celui de son épouse. On y grava, deux sous chaque tableau, les huit vers suivants :

> Jésus, qui mort souffris pour les humains,
> Merci de cœur te crie à joinctes mains !

> Reine des cieux, pure et nette sans sy
> Prié pour nous, fille Montmorency !

> Saint Mars, Victor, Aubin et saint Melaine,
> Priez tous Dieu qu'à sa gloire nous mène !

> Corps de saint Mars est ici enchassé
> Par Guy et Anne. — Requiescant in pace.

Cette nouvelle châsse, dans laquelle on plaça par permission de Monseigneur Yves Mayeux, les reliques de saint Mars, remplaça celle que les habitants de Bais avaient apporté en 1427. En 1743, on transporta les saintes reliques dans une nouvelle châsse comme le prouve le procès-verbal suivant.

« L'an 1743, le 8 juin, environ les 3 heures après-midi, à l'issue des vêpres et du salut chanté le mardi de la fête du Saint-Sacrement en l'église collégiale de la Magdeleine de Vitré, Nous, écuyer, Jean François du Bourg, sénéchal, premier juge, magistrat civil et criminel et de police de la Baronnie de Vitré, commissaire des Etats de la Province de Bretagne à la commission intermédiaire tenant à Rennes et leur député à la cour : noble maître Mathurin Charil, sieur du Pont-Davy, alloué, lieutenant général civil et criminel de police et noble maître Pierre Berthois, sieur de la Morandière, lieutenant ayant pour adjoint

Jacques Bilange greffier ordinaire..... savoir faisons que sur la réquisition de vénérables et discrets messires et maîtres Jean-Baptiste Nouail trésorier de la dite église collégiale, Louis Curie, Pierre Dumesnil, François Prot, René Lefèvre, Jacques Le Roux, René Hourdier, Pierre André, Benoist Dubois, François Baudy, François Bourdais, Jacques Beillard et François Martin, les tous prêtres Chanoines prébendés en la dite église assemblés capitulairement et tenant chapître...

« Nous nous sommes transportés en compagnie de noble maître Pierre Frain sieur de la Motte, avocat et procureur fiscal du roi, de la dite baronnie de Vitré, dans la salle capitulaire de la dite collégiale, pour y rapporter en leur présence procès-verbal de la translation qu'ils se proposent de faire d'une châsse dans une autre du corps de saint Mars dont les reliques sont dans leur église de temps immémorial, attendu la caducité de la châsse où les dites reliques sont actuellement renfermées.

« A l'effet de quoi, ils ont fait comparaître devant nous maître Jacques Tardivel, seul chirurgien royal établi et juré pour la dite Baronnie afin de nous faire l'énumération des parties du dit corps et de l'état des dites reliques.

« Duquel le serment pris et reçu, ayant la main levée, il a promis de se comporter fidèlement dans la dite fonction. Et la châsse où sont déposées les dites reliques ayant été apportée dans la dite salle capitulaire et posée sur une table, l'ouverture en a été faite en présence de tous par mon dit sieur Nouail, trésorier, nommé pour faire la dite translation par MM. de Guersans et de La Borderie Le Moyne vicaires généraux et d'Illustrissime et Révérendissime Mgr Louis-Guy Guérapin de Vauréal, évêque de Rennes, à présent ambassadeur du roi à la cour d'Espagne. Et en ayant ôté l'une après l'autre les parties du dit corps de saint Mars et montré au dit sieur Tardivel il s'y est trouvé suivant son rapport les parties ci-après sçavoir :

« 1º Tous les os de la tête dans leur entier ;

« 2º La moitié de la mâchoire supérieure gauche avec quatre dents molaires ;

« 3º Les deux os de la cuisse dans leur entier ;

« 4º Les deux os de la jambe appelés tibias ;

« 5º Les deux os du bras et trois os de l'avant-bras ;

« 6º Une omoplate, une partie des illes autrement dit des hanches, une vertèbre du dos, une clavicule, la partie supérieure de l'os sacrum et la première phalange du gros doigt du pied.

« Ensuite mon dit sieur le Trésorier ayant fait ouverture d'un pochon particulier trouvé dans la dite châsse, y a remarqué une rotule, une fausse côte, une portion de vertèbre, une portion de l'os sacrum et plusieurs autres portions séparées de leur tout. Lesquelles parties ont été renfermées dans un pochon de satin bleu après avoir été marqué de la lettre A.

« Dans un autre pochon, le même chirurgien a remarqué des os pulvérisés qui ont été mis dans un autre pochon, de même étoffe que le précédent, après avoir été marqué de la lettre B.

« Lesquelles portions du dit corps de saint Mars et reliques ont été transférées par le dit sieur Nouail trésorier et déposées dans une autre châsse neuve, de bois orné de sculptures, et dorée en plein en forme de dôme, dont mon dit sieur le trésorier a fait présent au chapître. Aux deux côtés de laquelle sont quatre tableaux d'argent fin où sont gravées les figures de saint Mars, saint Aubin, saint Victor et saint Melaine et les portraits de monseigneur Guy, comte de Laval, vi^e du nom, baron de Vitré, et de madame Anne de Montmorency son épouse : lesquels tableaux ont été ôtés de l'ancienne châsse donnée par mon dit seigneur, le 12 juin 1524 et placés à la nouvelle pour perpétuer la mémoire de ce précieux don, et aux deux bouts de laquelle châsse sont deux glaces fines au travers desquelles on peut voir facilement la tête de saint Mars placée au-dessus des autres ossements de son corps qui sont couchés et attachés proprement sur un coussin de satin bleu, aussi bien que les autres reliques mentionnées ci-dessus et renfermées dans les deux pochons chiffrés A et B.

« En cet endroit, les dits sieurs trésorier et chanoines nous ayant requis d'examiner l'ancienne châsse, nous avons remarqué qu'elle est de bois faite en forme de chapelle avec six pilastres de cuivre presque tout cassés, quatre cadres de même métal hors d'état de servir lesquels faisaient la bordure des quatre tableaux d'argent ci-dessus et quelques petits restes de feuilles d'argent, très minces, en façon d'ardoises, qui nous ont fait conjecturer qu'elle était couverte anciennement.

« De plus nous avons trouvé dans la dite châsse un titre en velin dont la teneur suit et qui, après avoir été copié, a été remis dans la châsse nouvelle.

« Chers et bien aimez, pour ce que par cydevant ay fait oupvrir la châsse où est le reliquaire du corps de monseigneur saint Mars, lequel ne semblait à estre assés honnestement en icelle : j'en ay fait faire une autre, que je vous envoye, laquelle je vous donne pour y mettre le dit reliquaire, ainsi que entendu qu'il se doibt faire, avecque les cérémonies et solemnités qui y appartiennent. Et me semble que sera bon de ce faire au jour de la feste du dit saint Mars et la porter en procession pour la mortalité qui règne maintenant sur les lieux et faire prier pour nous et devés faire processions générales, et ce faisant, chers et bien aimez, en me recommandant à vos bonnes prières, je prie Dieu que vous ayt en sa garde.

« A Mont-Jéhan, ce xii° jour de juin, ainsi signé : Le Vostre Guy, J. Hûs, Mª Dûs, G. »

« Mes honorés sieurs, je me recommande bien affectueusement à vos bonnes grâces et prières. Messieurs pour faire la translation des reliques de monseigneur saint Mars d'un reliquaire en autre plus honorable, nous commettons notre faculté et autorité, *quantum opus est* à M. le Thésaurier de votre vénérable Collège ou si on ne peut y entendre, à autre que vous nommerez et élirez pour ce faire, priant le Seigneur qu'il vous ayt en sa direction et garde.

Escript à Bruz ce xve de juin, l'an 1521, de la main de votre frère et amy.

F. YVES, évêque de Rennes. »

L'Evêque accordait une indulgence de quarante jours à tous ceux qui assisteraient à la translation et procession des reliques.

« La translation fut faite le vendredi, jour du dit saint Mars 21e de juin, l'an 1521, par maître Jehan Boullaye, thésaurier de la dite église de la Magdeleine, commis de l'autorité du dit Rév. Père en Dieu et Monseigneur de Rennes.

Signé : Columbell. »

« Hostia sacra datur, sinus accipit, anguificatur,
Indè salus petitur ; Albinus, Victor additur,
Forma redit pani. Prece sanas, sancte Melani. »

« Ensuite de quoi après avoir déposé dans la châsse un double du présent en due forme signé de nous, de MM. du Chapître, des dits Tardivel chirurgien-royal, Bislange greffier et des témoins appelés à cet effet, la dite châsse a été fermée en nos présences et portée par MM. Dubois et Hourdier chanoines, dans le chœur de leur dite église ; où, après la bénédiction de la dite châsse neuve, la cérémonie de la translation s'est faite publiquement et avec le plus de pompe et de solennité qu'il a été possible par mon dit sieur le trésorier pour être la dite relique portée en procession par les dits sieurs Hourdier et Dubois, suivant leur rang, autour de cette ville, vendredi prochain, 21 de ce mois, jour de la fête de saint Mars, ou un autre jour plus commode dans l'octave de la dite feste, à l'option et choix du chapître, selon l'usage pratiqué de temps immémorial pour la dite procession qui se fait tous les ans.

De tout quoi nous avons rapporté le présent procès-verbal. »

Suivent les signatures des cinq témoins de la translation, du chirurgien royal, du greffier, du trésorier et des chanoines de la collégiale et enfin du sénéchal.

Nous avons donné ce procès-verbal en entier parce qu'il contient le détail exact des reliques conservées à Bais quand la voix du peuple eut proclamé la sainteté de Mars et l'Eglise approuvé son culte. Le reste du saint corps avait été donné à la cathédrale de Rennes. (G. de Corson P. H., tom IV, p. 92, not. 1.)

La nouvelle de cette translation augmenta chez les habitants de Bais le désir déjà si vif de posséder les reliques de leur saint compatriote. M. O'Connery était depuis quatre ans recteur-prieur de cette paroisse. Plus habile que ses prédécesseurs, il fut plus modéré dans ses réclamations. Il adressa à Sa Grandeur Monseigneur l'Evêque de Rennes une humble requête

« tendant à ce qu'il plut de faire accorder à l'église paroissiale de Bais une portion des reliques de saint Mars, patron de cette paroisse. » L'Evêque approuva cette demande, la transmit aux chanoines de Vitré qui, après délibération, accordèrent à monsieur O'Connery « un os de la cuisse gauche, appelé le Fémur et deux côtes. »

Cette nouvelle translation eut lieu le 13 janvier 1750. En voici la relation telle qu'elle fut déposée dans le procès-verbal extrait des registres de la paroisse de Bais.

« Alexis, César de Talhouët de Bon-Amour, prêtre, docteur de la Maison et Société de Sorbonne, chanoine scolastique de l'église cathédrale de Rennes, vicaire général de Son Excellence Mgr l'illustrissime et révérendissime Evêque de Rennes, le 13 janvier 1750, en conséquence de la requête présentée à sa dite Excellence Mgr l'Evêque de Rennes par messire Michel O'Connery prêtre, recteur de la paroisse de Bais, tendant à ce qu'il lui plut accorder à l'église paroissiale et générale de Bais, une portion des reliques de saint Mars, patron de la dite église, dont les précieux ossements reposent dans une châsse dans l'église collégiale de la Magdeleine de Vitré.

Vu, en conséquence, la délibération du vénérable chapître de la susdite collégiale en date du 30 novembre 1749, portant à la pluralité des voix l'acquiescement dudit chapître à la susdite demande. Nous nous sommes transporté de notre hôtel de la ville de Rennes en celle de

Vitré où nous avons descendu chez M. de la Motte de Gennes, l'un des recteurs alternatifs de Notre-Dame et de Saint-Martin de Vitré, sur le réquisitoire de mon dit sieur Conry, recteur de Bais ; où ayant communiqué à messieurs le trésorier et chanoines de la dite église collégiale le sujet de notre voyage, avons fixé l'onzième heure du jour pour nous rendre à la dite collégiale. Dans laquelle étant entré et nous étant revêtu de surplis et d'étole, après avoir pris pour notre secrétaire en cette partie messire Etienne Bardet, prêtre de la dite ville. Nous avons adoré le Très Saint Sacrement et rendu aux reliques de saint Mars, qui reposent dans la dite collégiale, le culte autorisé par l'Eglise catholique, apostolique et romaine, nous avons fait descendre la dite châsse par deux ecclésiastiques revêtus de surplis, en présence de messieurs le trésorier et chanoines, messieurs les juges, monsieur de Châteauvieux, directeur de la baronnie, le syndic des procureurs d'icelle, le sénéchal et juge du chapître, monsieur Godefroy, médecin et monsieur Deroy, chirurgien royal.

Laquelle châsse ayant été trouvée bien close et dûment scellée, nous avons en présence des sieurs sus-nommés, levé les dits sceaux et fait ouverture de la dite châsse de laquelle nous avons tiré un os de la cuisse, nommé le fémur droit, avec deux côtes qui nous ont été déclarées être des parties du corps appelé du nom de saint Mars, par les dits sieurs médecin et maître chirurgien juré, résidant en la ville de Vitré. Lesquels ossements nous avons respectueusement enveloppés dans du coton pour être remis dans un reliquaire qui a été fait exprès aux frais du général de Bais. Et ce précieux dépôt y fait, après que les dites reliques y ont été mises et attachées par nous, nous avons fermé et scellé tant le dit reliquaire que la châsse par nous ouverte, fait remettre la châsse dans son lieu ordinaire et ressaisi le sieur recteur de Bais du dit reliquaire et du precieux dépôt par nous y fait. Lequel tant en son nom qu'en celui du général de la paroisse nous en a donné reconnaissance.

De tout quoi nous avons rapporté le présent signé par nous et les sousignants présents. Ayant remis copie en due forme de notre présent procès-verbal sous le coussin du reliquaire appartenant à l'église paroissiale de Bais, laissé une autre minute pour être déposée aux archives du chapître de la collégiale de Vitré, une autre au général de Bais et rapporté la quatrième pour être déposée par nous au secrétariat de l'évêché, pour y avoir recours en cas de besoin.

Fait à Vitré les mêmes jours et an que dessus.

DU TALHOUET DE BON-AMOUR. »

Voici maintenant le procès-verbal de la translation des saintes reliques de Vitré à Bais, tel que nous l'avons trouvé dans les archives de la mairie.

« L'an 1750, le 14 janvier, en exécution de la

délibération capitulaire de messieurs les vénérables trésorier et chanoines de l'église collégiale de la Magdeleine de Vitré, du 12 de ce mois portante (sic) consentement des dits sieurs trésorier et chanoines d'accorder à titre de grâce à M. le recteur de cette paroisse une portion des glorieuses reliques du glorieux saint Mars reposantes (sic) en la dite église collégiale. Procès-verbal en conséquence de la distraction de la dite portion des reliques, rapporté par monsieur de Talhouët de Bon-Amour, vicaire général de Monseigneur l'évêque de Rennes : nous soussignés René Hourdier, Jean Martin et Julien Bargé, chanoines de Vitré, de compagnie de plusieurs autres de nos confrères et de messieurs les recteurs de Bais et de Domalain, avons processionnellement levé la dite relique de notre église aux acclamations du peuple et icelle portée jusqu'à la chapelle Sainte-Anne près Vitré où le corps du chapître a quitté la dite relique qui y a été reçue par noble et discret messire Michel Conry, de Connagth, paroisse de Castelleray, diocèse d'Elphin, recteur de la paroisse de Bais, lequel précédé de sa bannière et croix, accompagné de son clergé et du dit sieur recteur de Domalain et suivi d'un grand nombre de peuple, s'en est saisi. Et a été processionnellement portée du dit lieu jusqu'à la paroisse de Bais par mes dits chanoines et recteurs : et a été reçue au passage de Torcé et Vergéal par noble et discret messire Julien Jamier, recteur de Torcé et Antoine Primault, recteur de Vergéal, tous deux accompagnés de leur clergé et précédés de leur bannière et croix, qui ont conduit la dite relique au lieu de son dépôt. Laquelle a été reçue à l'entrée du bourg de Bais par plusieurs messieurs recteurs et prêtres soussignés et a été déposée par nous Martin et Bargé, chanoines dans la dite église de Bais en laquelle a été solennellement chantée la messe de translation des reliques par nous Hourdier de Crasne, à laquelle ont assisté messieurs les recteurs et prêtres, revêtus d'habits de chœur ainsi qu'une grande multitude de peuple qui a reçu instruction convenable à la solennité par noble et discret messire François Marion, recteur de la paroisse de Moulins.

De tout quoi pour servir de monument à la postérité, nous avons fait le présent rapport et icelui signé de monsieur le recteur et autres.

De Crasne-Hourdier, prêtre-chanoine, chantre, député du chapître, — J. Martin, chanoine, idem, — J. Bargé, chanoine, idem, — M. Coury — de St Jean, recteur de Domalain, — A. Primault, recteur de Vergéal, — P. Gicquel, recteur de Piré, — F. Marion, recteur de Moulins, — Jamier, prêtre diacre d'office de la collégiale, — J. Lebannier, prêtre sous-diacre, idem, — J. Jamier, recteur de Torcé, — Bigot du Préameneu, prêtre, — P. Chedmail, curé de Bais, — A. Lelièvre, prêtre de Bais, — Gautier, curé de Domalain, — P. Marcille, curé de Piré, — Rosnyvinen de Camarec, etc. Trésoriers : Ernault, Greulière et Julien Chedmail.

La dernière translation des reliques de saint Mars, dont nous donnerons en son temps les procès-verbaux, n'a point effacé le souvenir de la première. Le bonheur des habitants de Bais, heureux de recouvrer enfin quelque chose d'un trésor qu'ils avaient si longtemps et si vainement réclamé, tenait de l'enthousiasme. — Les paroisses voisines, conduites par leurs pasteurs, étaient venues en foule vénérer le saint patron de Bais et mêler leur joie à la joie des heureux concitoyens de saint Mars. De Vitré à Bais, les chemins, mauvais en cette saison d'hiver, avaient été nettoyés et couverts d'arcs de triomphe. Une foule pieuse, à genoux sur le passage du saint corps, mêlait sa voix à la voix des prêtres qui chantaient autour des reliques l'hymne des confesseurs. On raconte qu'un chantre doué d'une voix puissante, à chaque fois qu'il redisait le mot *restituuntur*, se tournait vers les trois chanoines députés de la collégiale, en accentuant plus vigoureusement la note. Comme habitué du lutrin, il pensait sans doute comprendre la langue latine et dans sa pensée ce mot voulait dire : « yous avez enfin restitué ! » La traduction était un peu libre, mais comme elle peint bien la joie et le légitime orgueil de ces bonnes gens !

Bais possédait enfin une partie des reliques de son vénéré patron. La part la plus importante resta à la Collégiale jusqu'en 1794. Abandonnés dans cette église, veuve de ses pieux chanoines, les saintes reliques avaient d'abord été transportées à Notre-Dame, puis profanées, le reliquaire brisé et une grande partie des ossements enlevés soit par l'impiété, soit aussi par des mains amies qui voulurent les soustraire à la profanation.

Joseph Bernard, curé constitutionnel de Notre-Dame, avait fait transporter ces précieux restes dans la sacristie de son église. Avant de les exposer de nouveau à la vénération des fidèles, il avait voulu les faire reconnaître et authentiquer par Mgr Claude Le Coz, évêque constitutionnel de Rennes.

Voici le procès-verbal daté du 15 avril 1799.

« Au nom de la très sainte Trinité, Claude Le Coz par la miséricorde divine, dans la communion du Siège apostolique, évêque du département d'Ille-et-Vilaine, métropolitain du nord-ouest, à tous ceux qui ces présentes verront salut et bénédiction en Notre-Seigneur Jésus-Christ.

Le citoyen Joseph Bernard, curé de la paroisse de Notre-Dame, commune de Vitré, nous ayant présenté dans son église une *bouëte* de bois doré, de forme polygone, laquelle lui et plusieurs citoyens de cette ville nous ont attesté n'avoir servi qu'à renfermer des ossements et reliques du bienheureux saint Mars qui était spécialement révéré et solennellement reconnu dans la ci-devant église collégiale de Vitré.

Les mêmes citoyens nous assurant que ladite bouëte avec les reliques qu'elle contenait, fut transférée de la dite église collégiale dans l'église de Notre Dame à l'époque de la suppression des chanoines qui desservaient cette église collégiale et qu'elle y a été conservée avec toute la décence convenable et exposée à la vénération des fidèles, comme elle l'était dans l'église collégiale, jusqu'au moment désastreux où l'impiété s'est efforcée d'anéantir parmi nous le culte catholique et tout ce qui tient à ce culte céleste :

« Nous avons, en présence de plusieurs citoyens, examiné la dite bouëte ci-dessus désignée qu'ils ont tous reconnue pour être la même qui existait dans la ci-devant église collégiale de Vitré et qui en a été transférée processionnellement dans l'église de Notre-Dame par le citoyen Bernard curé de cette dernière église.

« Quoique cette bouëte ait été endommagée par des mains impies et qu'on ait enlevé quelques portions des reliques qu'elle contenait par les petites ouvertures latérales et vitrées qui y sont pratiquées, néanmoins il y reste un crâne humain qui, vu la forme et l'état actuel de la dite bouëte n'a pu ni en être ôté ni y être introduit récemment, comme il paraît démontré aux yeux de tous ceux qui l'observent avec quelqu'attention.

« D'ailleurs les citoyens soussignants et autres nous assurent que ladite bouëte, dès qu'elle a été ôtée de dessus l'autel, a été constamment et religieusement conservée dans la sacristie de l'église Notre-Dame.

« Nous avons de tout ce que dessus rapporté

acte et procès-verbal et ne pouvant douter que le crâne ou grande portion de tête contenue encore dans la dite bouëte ne soit réellement le même qui y a été déposé il y a un très grand nombre d'années comme appartenant au bienheureux saint Mars.

« Au nom de l'église catholique, apostolique et romaine, nous autorisons le citoyen Bernard, curé de l'église de Notre-Dame, et ses successeurs dans cette cure, à continuer d'exposer à la vénération des fidèles la dite portion de tête ou relique du bienheureux saint Mars, comme elle l'a été dans le temps passé, tant dans l'église collégiale que dans celle de Notre-Dame de Vitré.

Fait à Vitré, ce 15 avril 1799 de l'ère chrétienne, 26 germinal an VII de la R. F.

Post-Scriptum. — En examinant de près le Chef qui est dans la bouëte ci-dessus mentionnée, nous y avons aperçu une empreinte en cire rouge de cachet qui se trouve entière et confirme de plus en plus la vérité des faits énoncés dans notre procès-verbal.

Ont signé : C. Le Coz, évêque d'Ille-et-Vilaine, Simon, Ferron père, Jean Guerlé père, Crublet, Poirier, Houget, Jean Le Mesle, Anne Greulière, Paul-René Collet, René Lecoq, Bellier, Pourial, Bouttier, Bernard, curé de Notre-Dame, Alexis Moreau, ex-bénédictin, L. Duchesne, vicaire épiscopal. »

J'ai dit plus haut que des portions des précieuses reliques avaient été enlevées par des personnes chrétiennes désireuses de les soustraire à la profanation. Je lis en effet dans le *Journal historique de Vitré* (l'abbé P. Pâris-Jallobert). « Un morceau considérable de l'humérus vient d'être trouvé tout dernièrement à Cossé-le-Vivien. La note suivante accompagnait les précieuses reliques : « l'os ici renfermé est de saint Mars, patron de Bais, dont la châsse est à la Madeleine de Vitré, transférée depuis un an dans l'église paroissiale de Notre-Dame. Cet os m'a été remis par le sieur Brau, sacristain, qui l'a sauvé du pillage de la Révolution. J'ai, soussigné, préparé ce petit reliquaire pour le conserver avec le plus de vénération qu'il m'a été possible.

A Vitré, le 1er mars 1795, signé : Huaud, prêtre. »

Toutes ces profanations avaient été commises par le général Beaufort et ses soldats dans l'année 1794. Les reliques concédées naguère aux instances de M. O'Connery et exposées à la vénération des fidèles dans l'église paroissiale de Bais étaient restées sur l'autel quand cette église, après être devenue le temple de la Raison, ne fut plus que la caserne des gardes-nationaux. Le 6 floréal, une colonne de troupes de ligne, sous les ordres du général de brigade Verine, était entrée à Bais. « Après avoir réquisitionné des rafraîchissements, disent les procès-verbaux de la Municipalité, ce général ordonna de massacrer tous les chiens porteurs de colliers ou non. Une partie des militaires sont entrés au temple de la Raison et ont dégradé tous les autels et statues qui y résidaient alors, déchiré les registres des sépultures, mariages et naissances. »

Le procès-verbal reste muet sur le sort des saintes reliques et monsieur Hattais premier recteur de Bais après la Révolution, n'a pas cru devoir nous faire connaître les noms des personnes pieuses qui se dévouèrent pour les soustraire à la profanation, les gardèrent chez elles pendant six années pour les rendre à la piété des paroissiens en 1804.

La reconnaissance nous fait un devoir de ne pas imiter sa réserve : raconter les dévouements généreux c'est encourager à les imiter.

Quelques enfants étaient entrés avec les soldats de Verine dans l'église de Bais. Après l'avoir saccagée, les profanateurs partagèrent entre ces témoins inconscients de leur crime les débris qui les embarrassaient. Un de ces enfants, Joseph Crublet de la Perrauderie, s'en retourna à la maison de ses parents en jouant avec les rubans de la châsse de saint Mars qu'il avait reçus en partage. Arrivé tout joyeux dans la cour de la ferme, il rencontre sa pieuse mère. Marie Georgeault le regarde étonnée : elle a reconnu dans les mains de son fils ces rubans que les bons habitants de Bais aiment tant à tenir à la main aux jours des processions solennelles, des reliques du Patron bien aimé. Elle interroge son enfant, elle apprend que des soldats lui ont donné ces rubans, elle devine les horribles profanations dont l'église a été le théâtre. Que faire? La nuit approche : se mêler à cette heure à des soldats, c'est risquer sa vie et son honneur peut-être. Qu'importe! Elle n'hésite pas. Confiante en Dieu et en la protection de saint Mars, elle se rend au bourg, va à l'église, écoute anxieusement aux portes. Tout est silencieux ; elle entre dans ce temple profané et jonché de débris de toute sorte, elle s'approche de l'autel où reposait la châsse de saint Mars et la trouve intacte. Elle enlève les saintes reliques, les apporte en courant à sa maison où elle les cache dans une vieille armoire pour les rendre en des jours meilleurs à la piété de ses concitoyens. Cette famille, encore nombreuse à Bais, garde comme une relique l'armoire qui renferma si longtemps les ossements vénérés de saint Mars.

Ces reliques furent authentiquement reconnues le 24 février 1846. Le procès-verbal est signé Frain, vicaire général — Chumier, curé de Bais — Jeuland, recteur de Vergéal — Le Menant et Dufeu, vicaires à Bais — Pichot, prêtre à Bais — Tardif, Crublet, etc. — L'os fémur droit fut déposé dans un petit reliquaire placé maintenant sur l'autel de la chapelle de Marsé.

En 1816, M. l'abbé Guilloys, vicaire de Notre-Dame, avait, par permission du vicaire général, ouvert la châsse où Mgr Le Coz avait enfermé les ossements de saint Mars. Depuis là, la châsse n'ayant pas été scellée de nouveau, les saintes reliques étaient restées dans la sacristie sans pouvoir être exposées à la vénération publique. M. Chumier les réclama en 1843 et M. Guilloys, devenu curé de Notre-Dame, accéda à sa demande. Les reliques furent solennellement reconnues le 14 juin 1843.

« Godefroy Saint Marc, par la miséricorde divine et la grâce du Saint-Siège apostolique, évêque de Rennes.

L'an de Notre-Seigneur 1843, le 14 juin, nous Jean-Marie-Charles Frain, vicaire général de Mgr l'évêque de Rennes et Louis Aimé Châtel, vicaire général, chanoine honoraire, curé de Saint-Martin, nous sommes transporté dans la sacristie de l'église paroissiale de Notre-Dame de Vitré pour y procéder à la reconnaissance des reliques de saint Mars conservées dans la dite sacristie.

M. l'abbé Guilloys, curé de la dite paroisse, nous a présenté un chef, un os fémur et deux petits os qu'il nous a dit appartenir au bienheureux saint Mars. Il nous a également présenté un procès-verbal fait à Vitré le 15 avril 1799 et signé : Le Coz, évêque constitutionnel. M. l'abbé Guilloys nous a attesté qu'en 1816, étant vicaire de la dite paroisse, la châsse contenant le chef et les ossements ci-dessus relatés, reconnaissance faite de l'intégrité des sceaux, avait été ouverte par lui-même, avec autorisation de M. de la Guerretrie, curé de Saint-Martin et vicaire général. Ledit monsieur Guilloys nous a de plus attesté qu'à dater de 1817, les reliques confiées à ses soins avaient été religieusement conservées dans une armoire de la sacristie.

D'après la déposition du dit monsieur Guilloys, nous avons reconnu l'authenticité des dites reliques et nous avons de suite placé le chef et l'os fémur sur un coussin de velours rouge, attachés par un ruban rouge et les avons renfermés dans l'ancienne châsse nouvellement restaurée. Quant aux deux petits ossements, nous les avons mis à part et déposés dans une boîte préparée à cet effet.

Ont signé : L. Châtel, curé, vicaire général — Frain, vicaire général — Guilloys, curé de Notre-Dame. »

Les deux petits ossements dont parle en terminant le procès-verbal, furent partagés par M. Guilloys entre le couvent des Ursulines de Vitré et la chapelle de la Congrégation des hommes « pour entretenir dans cette ville la dévotion à un saint dont elle avait tant de fois éprouvé la bonté et la merveilleuse puissance. »

Les reliques placées dans la châsse restaurée furent triomphalement rapportées à Bais le 5 juillet 1843. La route de Vitré à Bais était changée en une immense avenue de verdure et de fleurs ; de magnifiques arcs de triomphe se dressaient aux approches de Torcé et de Vergéal. Le clergé de ces deux paroisses s'était joint au clergé de Bais et à d'autres prêtres venus en grand nombre des paroisses voisines pour chanter les hymnes sacrées en l'honneur du glorieux patron dont après 416 ans sa paroisse natale recouvrait enfin les ossements vénérés. Des jeunes gens choisis dans les premières familles, recommandables par leur piété et leur conduite à l'abri de tout reproche, avaient été choisis pour porter les saintes reliques. Ils étaient fiers du fardeau qui leur avait été confié, heureux du choix que l'on avait fait d'eux, et ceux qui ont survécu ont gardé de cet honneur le plus précieux souvenir.

Mgr G. Saint-Marc fixa la fête patronale, célébrée naguère au 21 juin, au 5 juillet, en souvenir de cette translation. Chaque année, au jour de cette fête, l'église prend ses ornements les plus riches ; la châsse du bienheureux patron est placée sur un autel magnifiquement décoré, entouré pendant la journée entière d'une foule pieuse et recueillie. Après les vêpres, les jeunes gens, choisis pour porter les saintes reliques, s'approchent de l'autel : auprès d'eux se rangent leurs frères ou leurs amis plus jeunes, heureux déjà de tenir les rubans qui ornent la châsse en attendant que leurs forces et leur conduite édifiante leur permettent de porter le précieux fardeau. Puis la procession se met en marche, descend le bas-côté sud traverse l'église pour sortir par la porte saint Mars qui ne s'ouvre qu'au jour de cette solennité, quitte le bourg, encombré alors de loteries et autres baraques un peu de toute espèce, et se rend à la chapelle de Marsé. La population de Bais entière — on doit le dire à sa louange — suit son glorieux patron à la chapelle qu'éleva naguère la piété de ses pères au lieu où naquit saint Mars, et laisse sans y entrer les cabarets et les cafés du bourg remplis d'étrangers qu'attire l'assemblée. Il est regrettable qu'une aussi belle fête soit devenue l'occasion de réunions où la piété n'a rien à gagner et la moralité tout à perdre. Cette assemblée diminue chaque année davantage : fasse Dieu qu'elle disparaisse bientôt tout à fait.

En plaçant au rang des saints ceux de ses enfants qui pratiquèrent la vertu jusqu'à son degré le plus héroïque, l'Eglise s'est proposé deux buts : nous donner des protecteurs au ciel, des avocats auprès de Dieu et des modèles à suivre. Nos pères, hommes de foi avant tout, l'avaient compris. Dans chaque famille, au lieu de ces conversations si souvent contraires à la Religion, aux mœurs ou à la charité, à la place de ces journaux à un sou qui pervertissent l'esprit et faussent le jugement, de ces romans immondes qui gangrènent les cœurs ; on lisait le soir quelques pages de la vie des saints. Ces pieuses lectures fortifiaient les vertueux, encourageaient les hésitants et les faibles, rappelaient aux pécheurs comment il fallait vivre pour triompher des passions, rompre avec de mauvaises habitudes et revenir à Dieu.

Aujourd'hui l'homme ne pense plus à ses héroïques devanciers pour les imiter ; il ne se souvient que de ses protecteurs. Encore faut-il que la main de Dieu le frappe. Quand son cœur saigne, quand le chagrin, par la désunion, est devenu l'hôte du foyer, quand un frère s'égare ou qu'un enfant oublie les saintes lois de l'honneur et de la vertu, quand l'homme souffre dans son corps ou que la maladie a frappé un de ceux qui lui sont chers, alors sa foi se réveille. Il accourt implorer de la puissante intercession des saints une grâce de conversion ou une guérison que la science est impuissante à lui rendre. Qui n'a été témoin de la guérison des âmes, miracles plus grands que la guérison du corps, puisqu'ils supposent une sorte de violence au libre arbitre de l'homme ! Ces merveilles restent entre les hommes et Dieu : le prêtre qui en fut l'heureux témoin ne peut qu'admirer et se taire. Mis en face de faits prodigieux dans l'ordre physique, faits que tout le monde a vus et a pu constater, nous croyons qu'il les doit publier pour la gloire de Dieu et des saints, sans se prononcer sur le caractère et la nature des faits qu'il expose, les laissant soumis à l'infaillible jugement de l'Eglise.

Aussi n'hésitons-nous pas à terminer cette notice sur le saint patron de Bais, en publiant le récit d'une guérison obtenue par un jeune homme de cette paroisse, après une neuvaine faite en l'honneur de saint Mars. Ch... P... a bien voulu nous en écrire lui-même la relation : nous la donnons comme nous l'avons reçue, n'en modifiant que l'orthographe un peu trop fantaisiste.

« Monsieur l'abbé,

Vous voulez savoir comment m'était venue la maladie qui m'avait tant affligé, ainsi que mes parents, pendant deux ans. A l'âge de huit ans, j'ai eu la fièvre typhoïde. Je l'avais complètement dur. Dans cette fièvre j'avais toujours peur. Après être bien guéri de cette maladie, je n'étais plus le même qu'auparavant. Pendant dix-huit mois ma peur allait tojours croissant et je n'osais plus coucher seul. Enfin le jour de la Toussaint 1867 le matin vers 3 ou 4 heures, je tremblais dans mon lit de tout mon corps. Mes parents, qui croyaient que je faisais des farces me grondaient. Un moment après, ma mère étant seule a vu que j'étais malade, s'est levée et me voyant dans cet état a compris que je tombais du haut-mal. Quand mon père est rentré, ma mère lui a dit ce qu'elle avait vu et tous les deux se sont mis à pleurer. Six semaines après, pendant que mon père faisait sa prière, mon mal m'a repris et mon père n'a plus douté. Ils ont consulté les médecins qui ont attribué mon état aux vers; *mais tous leurs remèdes étaient inutiles.* Ils ont eu recours au bienheureux Saint-Mars et ont fait dire une messe en son honneur, dans sa chapelle de Marsé, par le bon monsieur M.... qui était bien triste de me voir si affligé. J'ai été cinq mois sans rien ressentir; la peur persévérait toujours. Enfin le dimanche de la Trinité, le mal m'a pris le matin. A partir de ce jour, cela a toujours continué. On fit dire des messes en l'honneur de la S*te* Vierge, pour demander par son intercession ma guérison. Les chûtes devenaient plus fréquentes, je tombais quatre fois en dix jours. A la Toussaint 1869 je tombais trois fois, le jour de Noël et le 31 décembre, nouvelles attaques. Le 8 janvier, c'était la dernière fois, je promis de faire dire une messe à Marcé en l'honneur de saint Mars et *je n'ai pas été malade depuis ce jour*. Je ne puis attribuer ma guérison qu'à la protection de saint Mars.

P... Ch. »

Tels sont les faits. Nous y constatons la guérison subite et sans le secours d'aucun agent naturel connu, d'une maladie presqu'incurable et la persévérance de cette guérison, puisque ce jeune homme complètement délivré est maintenant soldat.

Nous pourrions multiplier les exemples, nos souvenirs nous fourniraient plusieurs guérisons analogues. Faut-il conclure à l'existence du miracle? Nous n'en avons ni la volonté ni le droit. Que la science, pour expliquer ces faits, invoque les énergies inconnues de la nature, entasse hypothèses sur hypothèses, elle est dans son rôle. Mais la foi du chrétien voit là le doigt de Dieu, comme nos pères l'avaient reconnu dans la disparition subite du fléau qui, au commencement du XVIe siècle, dépeuplait la baronnie de Vitré. Quand Guy XVI eut ordonné de porter solennellement les reliques de saint Mars autour des murs de Vitré, le peuple heureux de la cessation de la peste voua à son puissant protecteur une éternelle reconnaissance : comme nos ancêtres devant la merveilleuse protection des saints nous dirons toujours « *mirabilis in* sanctis suis, Dominus » Dieu est admirable dans ses saints.

Nous l'avons dit plus haut, le bienheureux saint Mars était autrefois honoré sous le rite double de deuxième classe comme confesseur pontife. Désireux de voir ces honneurs rendus au patron de sa paroisse, M. le curé de Bais (et avec lui le clergé du canton de La Guerche), a adressé à Mgr l'archevêque de Rennes une requête tendant à élever la fête de saint Mars au rite double. Sa Grandeur a daigné accepter favorablement cette demande. Toujours heureux de ce qui peut honorer son diocèse, Mgr Place a promis d'user de sa haute influence auprès de l'autorité compétente. Puissent ses efforts être bientôt couronnés du succès et saint Mars, fêté désormais dans tout le diocèse, lui rendre en bénédiction ce que Sa Grandeur lui aura rendu en gloire.

FIN

TABLE

SAINT MARS

Sa Vie	1
Son Episcopat	11
Histoire de ses Reliques	29

Vitré. — Imp. J. Guays.

99

www.ingramcontent.com/pod-product-compliance
Lightning Source LLC
LaVergne TN
LVHW051503090426
835512LV00010B/2315